REINALDO DOMINGOS

COMO FAZER UMA RESERVA FINANCEIRA

APRENDA A LIDAR COM OS IMPREVISTOS

dsop editora

Autor: PhD Reinaldo Domingos

Coordenadora editorial: Laila Mascarenhas

Editora de texto: Catarina Arimatéia

Editora de arte: Marisa Corazza

Colaboração editorial: Ana Rosa Vilches

Revisoras: Ana Paula Felippe e Luzia Rodrigues

dsop
editora

Rua Alba, 88 - Parque Jabaquara
São Paulo - SP - Brasil - CEP: 04346-000
www.editoradsop.com.br

Dados Internacionais de Catalogação na Publicação (CIP)
(Câmara Brasileira do Livro, SP, Brasil)

Domingos, Reinaldo
Com fazer uma reserva financeira : aprenda a lidar com os imprevistos / Reinaldo Domingos. -- São Paulo : Editora DSOP, 2024.

ISBN 978-85-8276-662-0

1. Dinheiro - Administração 2. Educação financeira 3. Finanças - Planejamento 4. Finanças pessoais I. Título.

24-218897 CDD-332.6

Índices para catálogo sistemático:

1. Educação financeira : Economia 332.6

Cibele Maria Dias - Bibliotecária - CRB-8/9427

FOTO DE CAPA: ANGEL_FFF/SHUTTERSTOCK

SUMÁRIO

APRESENTAÇÃO

Vamos imaginar que hoje ocorra um imprevisto que exija de você uma boa reserva financeira. Um gasto extra com uma urgência médica ou uma reforma inesperada em casa – teto com goteiras, instalação elétrica que deve ser refeita, problema hidráulico no banheiro ou na cozinha, ou mesmo o conserto de algo no carro não coberto pelo seguro. São situações incômodas, que estressam emocionalmente e afetam o bolso, exigindo uma imediata disponibilidade de dinheiro. Em casos assim, você e sua família teriam condições de arcar com gastos altos de uma hora para outra?

Boa pergunta, não é? Para quem não tem uma reserva de dinheiro, uma situação financeira emergencial torna-se um pesadelo, principalmente quando não há a quem recorrer – ou as alternativas são onerosas demais, como obter um empréstimo bancário, ou corre-se o risco de pagar os juros altos do cartão de crédito. A solução é começar desde agora – se isso ainda não estiver ocorrendo – a guardar parte do que ganha mensalmente para cobrir esses momentos tão difíceis. Mostraremos nas próximas páginas quais são os melhores caminhos para conseguir a tão necessária reserva financeira. Afinal, é melhor prevenir do que remediar. Programe-se já.

CONSCIÊNCIA PREVENTIVA

É MELHOR PREVENIR DO QUE REMEDIAR

A vida é uma caixinha de surpresas. Já pensou se alguém da sua família perdesse o emprego de uma hora para outra ou, por algum motivo, ficasse sem salário, sem comissões ou sem os ganhos extras de um trabalho temporário? Já imaginou por quanto tempo conseguiria pagar seus gastos? E se por conta de uma doença na família vocês tivessem que arrumar dinheiro com urgência para custear um tratamento médico de algum parente? Como conciliaria esse gasto inesperado com os compromissos financeiros já assumidos?

Afinal, você e sua família têm ou não um plano B para enfrentar as fatalidades da vida? Acredite: muitas pessoas, quando indagadas sobre isso, têm a mesma resposta: "Não, eu não tenho um plano B nem saberia o que fazer para dar conta de todos esses gastos.".

É justamente por não ter um plano B, uma reserva estratégica, que muitas pessoas acabam entrando no sombrio mundo das dívidas ou simplesmente perdem seus bens materiais depois de anos de esforço para pagá-los. E não é uma questão de pessimismo nem de mau agouro. Qualquer um está sujeito, diariamente, a algo que fuja ao controle. No que diz respeito a dinheiro, o que altera é a maneira como cada um se preparou para lidar com mudanças de planos.

Você deve conhecer alguém que deixou de honrar compromissos financeiros por causa de gastos extras com algo inesperado e, em razão disso, precisou se desfazer de seus bens para quitar dívidas. E o que é pior, muitas vezes por valores abaixo dos praticados no mercado, ou, em situações mais extremas, tiveram os bens tomados judicialmente.

Mesmo que a pessoa seja funcionária pública, com estabilidade, ou seja uma pequena empresária bem-sucedida, deve estar atenta, pois nunca se sabe o que pode acontecer. A melhor forma de se prevenir contra imprevistos é construir, desde cedo, uma reserva financeira que dará tranquilidade e respaldo para superar essas situações, garantindo as necessidades atuais e do futuro de todos da família.

Para proteger seu patrimônio e manter o padrão de vida por um longo tempo, não adianta apenas ter dinheiro no momento presente. O dinheiro de agora tem de ser muito bem zelado para garantir as necessidades atuais e as do futuro.

Você deve conhecer algum aposentado que poderia estar desfrutando da vida como bem quisesse, mas tem de continuar trabalhando porque os ganhos da aposentaria não são suficientes para bancar seus gastos essenciais. Isso ocorre, principalmente, porque nessa faixa etária os gastos com remédios e plano de saúde consomem uma parte significativa dos rendimentos.

Também já deve ter reparado que, para algumas famílias brasileiras, a principal fonte de renda para sustentar filhos e netos é a de um aposentado. Com o aumento da expectativa de vida, cada vez mais será necessário que as pessoas se preparem para continuar vivendo de forma digna após parar de trabalhar.

Por isso, é importante despertar uma consciência preventiva, com recomendações fundamentais para que a pessoa possa manter suas finanças e as de sua família equilibradas.

E para aqueles que foram surpreendidos por uma eventualidade e estão sentindo no bolso as consequências de não ter feito uma reserva financeira, há caminhos possíveis e planos para saldarem suas dívidas.

GUARDAR HOJE PARA TER AMANHÃ

A capacidade de projetar a vida, de se imaginar em outro tempo, com outras necessidades, desafios e sonhos, é um meio inteligente e eficaz de se preparar para o futuro. Se uma família estiver presa apenas ao presente, gastando tudo o que chega as suas mãos, está colocando em risco a estabilidade do presente e deixando de construir as bases para um futuro mais tranquilo e feliz.

Claro que isso não significa deixar de curtir o lado bom da vida no presente e viver preocupado com o futuro por antecipação. O fato é que não existe solução mágica. Para ter dinheiro é preciso guardá-lo. Não todo, mas ao menos uma parte.

Tenha em mente que é importante reter pelo menos 10% do ganho da família. Essa parcela corresponde ao mínimo necessário para que acumule dinheiro suficiente para a família se sustentar quando os mais velhos, por algum motivo, não puderem mais trabalhar. E lembre-se de que, quanto antes iniciar essa reserva, mais cedo poderão viver tranquilamente.

Se você e sua família são do tipo que não fizeram nem fazem reservas, devem ter consciência de que vivem em uma situação vulnerável. Ter uma reserva financeira não depende de quanto as pessoas que trabalham ganham, mas de como administram o dinheiro que ganham. Para crescer financeiramente é preciso administrar bem o dinheiro e saber aproveitar as oportunidades.

Imagine sua vida e a da sua família como um jogo de percurso. Localize onde vocês se encontram hoje e projetem o que desejam realizar nos próximos anos. Procurem estabelecer pelo menos quatro pontos desse caminho: um ano, cinco anos, dez anos e vinte anos.

Pense no que vocês precisariam ter, em termos de ganhos financeiros e intelectuais, para realizar cada etapa. Depois avaliem se as atitudes no presente, em relação ao uso do dinheiro, favorecem ou comprometem a realização desses planos, no curto, no médio ou no longo prazo.

Poupar é reduzir os gastos no dia a dia, é comprar com critério e planejamento. É prever no orçamento a parcela dos ganhos que será guardada em uma caderneta de poupança ou em outros investimentos, seja para se precaver contra o inesperado, seja para aproveitar oportunidades em que é vantajoso ter um montante para negociar melhores condições de pagamento ou até mesmo para fazer aquela reserva que permitirá à família curtir o melhor da vida.

Lembre-se: a maioria das pessoas, quando se aposenta, precisa reduzir, e muito, seu padrão de vida, porque não tem como sustentá-lo. Um bom plano de poupança pode valer mais do que uma vida inteira de trabalho duro; afinal, de nada adiantará trabalhar pesado a vida toda sem guardar o suficiente para manter o padrão de vida da família quando não puderem ou não quiserem mais trabalhar.

RADIOGRAFIA FINANCEIRA

Se o dinheiro da sua família não tem rendido o suficiente no decorrer do mês, seja qual for a faixa de rendimentos (padrão de vida), é aconselhável vocês se questionarem para onde ele está indo e quais são os gastos reais do dia a dia da casa.

Quando os gastos ultrapassam o valor dos ganhos não há sobra e, portanto, não há poupança. Sem poupança é menor a possibilidade de construir um padrão de vida que seja sustentável tanto hoje quanto amanhã.

Esse desequilíbrio financeiro é como uma doença que pode apresentar diferentes sintomas, cada um exigindo um tratamento. Algumas famílias sofrem de uma leve labirintite financeira. São aquelas que, vez ou outra, ficam meio desequilibradas, gastam além da medida, mas logo se recompõem, se estabilizam e seguem adiante.

Muitas não encontram meios para se livrar da dívida do cheque especial ou do cartão de crédito, por exemplo, o que pode evoluir para o "estar quebrado" – isto é, falido, sem condições de arcar com as dívidas acumuladas, com restrições de crédito e correndo o risco de perder tudo o que já conquistaram.

Se você e sua família não estão conseguindo poupar parte do que ganham, é bem possível que a saúde financeira de vocês esteja abalada. Façam uma espécie de radiografia dos seus ganhos e gastos para chegar a um diagnóstico real das suas finanças.

Radiografar os gastos significa tomar nota de todo e qualquer dinheiro que sair do bolso de cada membro da família, inclusive das crianças. Durante um mês, cada membro da família deve andar sempre com um pequeno bloco de anotações. A proposta é registrar todos os gastos no ato da compra, pois, ao retardar a anotação, acabará se esquecendo de fazê-la e deixará de ter um raio X preciso.

Veja bem, não é para, ao final do dia, fazer as contas e dizer: "Hoje gastei R$ 10,00." ou "Hoje gastei R$ 100,00.". A proposta é que vocês anotem como gastaram esses valores. É importante que as anotações sejam feitas por tipo de gasto. No topo de cada página do apontamento financeiro, coloquem a espécie de gasto. É preciso escrever cada tipo de alimentação, por exemplo: lanches na escola, padaria, supermercado, refeições externas, feira, açougue etc. O objetivo, ao separar por tipos, é que vocês possam identificar com exatidão onde estão os excessos e os gastos desnecessários.

Avaliem qual é o gasto mensal com manicure, chope, cafezinho ou cinema; vocês, possivelmente, teriam dificuldade em dizer o valor com precisão, certo? Estimativas quase sempre falseiam a realidade. Após 30 dias corridos, com o diagnóstico financeiro em mãos, vocês poderão analisar microscopicamente aonde o dinheiro da família anda escorrendo e, principalmente, que cortes poderão ser feitos.

Para fazer essa análise com discernimento é preciso questionar desde o hábito diário de comprar chicletes até o de comprar *pizza* toda semana. E o cafezinho? E a sobremesa? Vocês precisam mesmo disso, todos os dias, para viver?

À primeira vista, os gastos de pequeno porte talvez pareçam irrisórios e até inofensivos. Porém, são justamente os menores gastos, aqueles que não costumamos notar, que podem se revelar os mais perigosos. Vícios de consumo diário podem ter um preço alto no fim do mês e do ano. A gordura dos gastos está nos detalhes que passam despercebidos.

É importante que o diagnóstico financeiro seja feito por 30 dias, para quem tem rendimentos fixos, e por até no máximo 90 dias, para quem tem ganhos variáveis. Cuidado para não se tornar escravo dessas anotações! Esse diagnóstico deve ser feito de tempos em tempos, por isso o pratique em intervalos de 12 meses. Se a anotação se tornar uma rotina, além de ficar escravo dela, você perderá a capacidade de análise.

Cuidado com os gastos essenciais, como energia elétrica, água, gás etc. Esses gastos quase sempre têm excessos que variam de 20% a 30%, por isso experimente estabelecer um objetivo de redução em conjunto com a família.

VALORIZE O SEU DINHEIRO

Você pode até estar pensando que não há muito o que cortar de seus gastos. Porém, ao analisar suas anotações, verá que muitas das coisas que consome são onerosas.

No quadro a seguir há exemplos de gastos cotidianos que, se fossem cortados, fariam uma grande diferença no orçamento e na conquista dos sonhos da família. Imagine que o gasto de R$ 50,00 por semana com *pizza* ou gastos equivalentes, no período de 30 anos, capitalizado a 1% ao mês, somaria um montante de quase 700 mil. Pense na diferença de qualidade de vida que vocês teriam hoje se soubessem que têm 700 mil reais guardados.

Gastos	20 anos R$	30 anos R$
Gorjeta: R$ 1,00 (três vezes por semana)	12.860,32	45.434,53
Guloseimas: R$ 2,00 (três vezes por semana)	118.710,84	419.395,70
Pizza / balada: R$ 50,00 (por semana)	197.851,07	689.992,83
Taxa de 1% ao mês		

Não pense que, por estarem se reeducando financeiramente, terão de abrir mão de todos os prazeres ou se tornar uma família avarenta e mesquinha. É claro que vocês podem, e merecem se dar, de vez em quando, algum tipo de gratificação, mas cuidando para que a realização daquele desejo imediato não ponha seus sonhos maiores e seu equilíbrio financeiro a perder.

Grande parte da população brasileira busca informações sobre as aplicações que mais rendem e, como já é conhecido, quanto maior o ganho nas taxas de juros, maior o risco. Buscar o melhor desempenho do dinheiro aplicado deve ser um dos objetivos. O grande desafio é transformar hábitos de consumidor em hábitos de poupador. É importante você entender que a mudança de hábitos é fundamental para o processo de reorganização da sua vida financeira e a da sua família, e que nem sempre esse novo modo de ver as coisas será um fardo. Pelo contrário. Quando menos esperar, vocês estarão acostumados e animados com as mudanças que forem conquistando.

É preciso autocontrole para resistir às tentações e às necessidades que criamos para nós mesmos quando estamos diante de uma vitrine ou de um catálogo de produtos.

ON
MC
MR
M-
M+
%
+/-
C
AC

ATENÇÃO AOS DETALHES

IDENTIFIQUE SEUS RENDIMENTOS

Além de muita gente não saber com exatidão para onde vai cada centavo do seu dinheiro, é comum encontrar tanto profissionais com carteira assinada quanto com rendimentos variáveis que registram na memória apenas o seu rendimento bruto, sem os descontos de impostos.

Esse comportamento é uma verdadeira armadilha para a contabilidade pessoal e familiar. Para calcular o seu orçamento mensal sem falhas, você deve se ater à sua renda líquida, ou seja, à quantia que sobra após descontados todos os impostos e os encargos. No caso dos autônomos, o risco de subestimar ou superestimar os rendimentos é ainda maior porque, em certos períodos, eles podem ter ganhos bem acima da média e, em outros, não ter rendimento algum. Por isso, o melhor a fazer é listar, da forma mais precisa possível, os valores médios recebidos nos últimos três meses.

Se você é assalariado, confira quanto realmente entra em seu saldo bancário, já descontados o valor para o Instituto Nacional do Seguro Social (INSS) e o Imposto de Renda (IR) em folha de pagamento. É importante deixar claro que, para ser uma pessoa próspera, você não tem que necessariamente ganhar mais. Em termos de educação do comportamento financeiro, não importa quanto você ganha, mas como você gasta o que ganha. E isso vale para todas as pessoas que compõem o rendimento familiar.

Mesmo quem escolhe fazer trabalhos extras com o intuito de ampliar a renda e, assim, conseguir ter uma reserva, precisa mudar seus hábitos de consumo. Se a reserva não for priorizada ou se os gastos não forem planejados, não há fonte extra de ganhos que dê conta do desejo de consumir. Quanto mais ganhar, mais vai gastar.

Faça a si mesmo estas perguntas:

- **Para onde vai a maior parte de meus rendimentos?**
- **Quais são os meus principais gastos?**
- **Todos esses gastos são necessários?**
- **Como eu poderia reduzir meus gastos?**
- **Até hoje, o que consegui guardar dos meus ganhos?**
- **O que fiz com os meus ganhos extras, como 13º, bônus de férias, prêmios e horas extras?**
- **Paguei dívidas com meus ganhos extras?**
- **Quanto guardo mensalmente para gastos inesperados?**

PROTEJA-SE DAS ARMADILHAS

Quem quer ter dinheiro precisa ter cuidado e atenção redobrada com as propagandas de todo o tipo. Elas são um mecanismo legítimo utilizado por empresas para divulgar seus produtos e atrair consumidores.

Porém, muitas vezes, essas campanhas nos hipnotizam a tal ponto que, se não compramos o que foi divulgado, nos sentimos fora da sociedade de consumo, em desvantagem em relação a outras pessoas. Tenha total convicção e resista bravamente aos apelos de consumo, reservando o dinheiro da família para aquilo que realmente possa agregar valor à vida de vocês.

O crédito fácil também é tentador, porque funciona como uma saída de emergência para quem precisa de um bem e não tem dinheiro disponível. O problema está nos juros embutidos na antecipação do crédito. O risco é que você perca o controle diante da facilidade do crédito, gastando além da capacidade de pagamento.

Por isso, quando algo parecer fácil demais, desconfie. Do contrário, o preço a pagar pode ser alto demais. Empréstimos bancários, crédito a perder de vista e parcelamentos infinitos são desvios perigosos que ajudam a chegar mais rápido ao seu objetivo, mas neles estão embutidos os juros, armadilhas disfarçadas de facilidade que acabam por devorar o seu dinheiro.

Às vezes é mais sábio optar pelo caminho mais longo, sem se deixar influenciar por agentes externos, juntando dinheiro para, então, fazer a aquisição desejada.

Lembre-se: cartão de crédito é um meio de pagamento e não um gasto. Por isso, use-o com moderação e inteligência. A família deve ter um limite de crédito equivalente a, no máximo, 30% do rendimento familiar, e nunca pague a parcela mínima, pois nesse caso os juros são extorsivos. Tenha cuidado com a praticidade do cartão de débito. Não o utilize como se estivesse pagando à vista, quando já estiver entrando no limite do cheque especial. Se você tem algum rendimento equivalente ao limite do cheque especial e sempre recorre a esse limite, a cada oito meses você está dando praticamente um salário ao sistema financeiro.

Outro perigo que põe em risco seu patrimônio é prender-se às aparências. Sustentar uma vida de aparência mais rica do que se pode ou do que se deveria é o modo mais fácil de desrespeitar o dinheiro e fazer com que ele suma de vez.

A opção realmente eficaz para uma família que quer ter dinheiro é viver sempre um degrau abaixo do padrão de vida que poderia sustentar. Agindo dessa forma, vocês sempre terão uma margem de dinheiro para poupar e crescer. Do contrário, viver sempre um degrau acima do padrão de vida sustentável, levarão vocês, inevitavelmente, a um *deficit* que, acumulado ao longo da vida, os deixarão sempre sem dinheiro.

FINANÇAS EQUILIBRADAS

ORÇAMENTO SOB CONTROLE

Até aqui, você não deve ter dúvida de que a única forma de se precaver contra os imprevistos é reter uma parte dos ganhos da família. Também deve ter entendido que é preciso fazer uma *blitz* no seu consumo para gastar menos e, assim, ter uma sobra no orçamento. Agora, é preciso garantir que suas economias realmente sejam priorizadas em seu orçamento.

Quando se fala em orçamento financeiro, a maioria das pessoas pensa da seguinte forma: "Ter um orçamento sob controle significa registrar o que se ganha e subtrair o que se gasta. Caso sobre dinheiro, estou no lucro. Se faltar, estou no prejuízo e terei de compensar o *deficit* no próximo mês.".

O orçamento, segundo a **Metodologia DSOP** (Diagnosticar, Sonhar, Orçar, Poupar), se diferencia por priorizar os valores que são reservados mensalmente para a realização de três desejos, com valores e prazos diferenciados de realização.

O fundamental aqui é perceber que o Orçamento DSOP é estruturado de uma forma estrategicamente pensada para que as reservas sejam, de fato, priorizadas. Por isso, primeiro, você deve subtrair dos seus rendimentos líquidos mensais o valor a ser poupado para a materialização dos sonhos da família. O resultado dessa conta equivale ao saldo que vocês usarão para adequar o padrão de vida.

Qualquer excesso irá interferir no planejamento familiar e comprometerá a realização dos seus tão desejados sonhos. Se acha que ficarão sufocados, uma alternativa é rever o prazo para a realização dos sonhos e recalcular o valor a ser poupado mensalmente.

Isso representa uma mudança importante na forma de consumir. Essa estrutura vai ajudar toda a família a ter consciência de quanto realmente vocês podem gastar, especialmente em compras parceladas, que se acumularão a outras já adquiridas.

Enfim, esse será um processo que levará sua família naturalmente a refletir antes de comprar. Isso se vocês estiverem mesmo dispostos a serem recompensados com a conquista de bens materiais tão importantes para a vida de vocês e que, talvez, pela indisciplina financeira, nunca atingissem ou tivessem de se endividar para adquirir. Por isso, não se esqueçam destas recomendações valiosas:

- **Quem conhece os próprios números (de ganhos e gastos) é capaz de gastar menos do que ganha.**
- **Quem gasta menos do que ganha é capaz de evitar as dívidas e, caso as tenha, poderá administrá-las melhor e até eliminá-las.**
- **Quem opta por não ter dívidas e até por eliminá-las guardará mais dinheiro.**
- **Quem elimina as dívidas é capaz de guardar dinheiro.**
- **Quem guarda dinheiro constrói sua independência financeira e pode oferecer mais conforto aos seus familiares.**

RESERVA COM DESTINO CERTO

Outra questão importante que você e sua família devem entender é que poupar não é o mesmo que investir. Primeiro, vocês poupam; depois, investem. Para poupar, vocês precisam conseguir reservar uma parte dos seus ganhos.

Como vimos, isso só é possível para a família que tem pleno domínio da sua situação financeira: sabe quanto ganha, quanto e como gasta, e planeja seu orçamento fazendo os cortes necessários para que nele caibam as reservas para imprevistos e, também, para os sonhos de curto, médio e longo prazos.

Como consequência, investir o que vocês pouparam vai ajudar a multiplicar seus ganhos. No entanto, é muito comum as pessoas terem dinheiro guardado sem saber exatamente o destino que darão a ele. Acumular dinheiro por acumular não faz sentido. Até porque dinheiro guardado sem um objetivo pode virar pó a qualquer momento. Basta um anúncio publicitário mais instigante, um produto “revolucionário” ou a pressão de amigos e familiares para que aquele dinheiro (que não tinha destino certo) seja gasto em desejos momentâneos.

Para não cair nessa armadilha, o melhor procedimento é saber de antemão o que vocês vão fazer com o dinheiro poupado e só, então, pensar em como investir.

Para começar a investir o que pouparam, escolham um banco confiável e seguro. A caderneta de poupança é conhecida como um dos investimentos mais populares do Brasil, principalmente pelo baixo risco. Quando alimentada mensalmente, a poupança é capaz de assegurar um montante considerável de dinheiro. No entanto, é recomendável diversificar os investimentos. O Certificado de Depósito Bancário (CDB) pode ser uma ótima escolha, pois é um título de crédito emitido pelos bancos e funciona como se você emprestasse dinheiro às instituições financeiras que, depois de um certo período, devolvem o valor acrescido de juros.

Diferentemente da caderneta de poupança, o valor mínimo de depósito é maior e varia entre os bancos. O resgate pode ser feito a qualquer tempo, mas sofre descontos quando retirado antes da data estipulada.

Outra possibilidade para sonhos de médio e longo prazos são os Títulos do Tesouro Direto, que também funcionam como se você estivesse emprestando dinheiro, mas, nesse caso, para o governo federal, e em troca recebe o dinheiro de volta corrigido.

Existem dois tipos de títulos públicos: no prefixado, o investidor sabe exatamente quanto vai receber; no pós-fixado, só saberá qual foi o rendimento na data de vencimento.

A Bolsa de Valores é outro tipo de investimento popular. Qualquer pessoa pode comprar e vender ações na bolsa. De modo simplificado, ações são partes de uma empresa. Quando você compra uma ação, está adquirindo uma porcentagem da companhia.

Para comprar uma ação existem dois caminhos: pela corretora de valores, que é um membro da bolsa habilitado pelo

Banco Central para vender e comprar "partes" de empresas, e pelos bancos, que administram e decidem quando e como investir.

Seja qual for a opção de investimento para os sonhos de curto, médio e longo prazos, o ideal é buscar o máximo de informações a respeito do investimento e ter sempre em mente o período durante o qual pretende investir, maximizando os ganhos e minimizando as perdas.

Um bom especialista poderá ajudá-lo a entender quais são as melhores escolhas de aplicação, respeitando o seu perfil como investidor:

- **Conservador: não corre riscos.**
- **Moderado: corre riscos apenas com uma pequena parte do investimento.**
- **Arrojado: prefere correr riscos, pois espera ter mais retorno na aplicação.**

Entre os destinos que o dinheiro poupado pode tomar, o principal é o da independência financeira. Você e sua família precisam poupar, no mínimo, 10% dos seus ganhos, desde o primeiro salário das pessoas que compõem o rendimento familiar, e aumentar esse percentual à medida que os rendimentos forem crescendo. Esses 10% serão a semente do sonho da sua independência financeira. Quanto mais cedo vocês começarem, mais rápido verão o dinheiro crescer e se multiplicar.

Se você acha que não precisa fazer reservas para o futuro, já que poderá se manter na velhice com a aposentadoria da

Previdência Social, é bom saber que quase 100% das pessoas que fazem essa opção sofrem uma queda considerável no padrão de vida quando param de trabalhar.

Justamente porque a maioria contribui apenas com o percentual mínimo, de 8% a 11%, que é descontado obrigatoriamente dos trabalhadores com carteira assinada, ou pago voluntariamente por trabalhadores autônomos.

Com o passar do tempo, o valor de contribuição fica defasado em relação ao valor do ganho mensal. O resultado é que, quando for usufruir do benefício, o valor a receber será bem menor do que o necessário para a manutenção do padrão de vida atual.

Alguns aposentados dependem de parentes, amigos e até de pessoas desconhecidas, e outros são obrigados a continuar e até a voltar a trabalhar para poder manter o padrão de vida.

Você e sua família devem avaliar o teto máximo do INSS, ou seja, o limite máximo com o qual vocês podem se aposentar. Se hoje vocês têm uma remuneração superior a esse valor, certamente precisarão complementar a aposentadoria, caso queiram manter o padrão de vida atual. Os planos de previdência privada são uma ótima opção para complementar ou substituir a previdência social e, assim, construir um futuro confortável, sem depender de ninguém.

Os planos da previdência privada são fundos de investimento nos quais as pessoas acumulam ganhos financeiros para garantir uma renda mensal no futuro. O contribuinte deposita mensalmente determinada quantia por um longo período – geralmente, de 30 a 35 anos. Ao final desse período de contribuição, terão os valores depositados, mais os juros correspondentes a todos esses anos, que poderão ser sacados mensalmente.

Para que você e sua família façam a escolha mais consciente possível sobre o tipo de investimento que vai ajudá-los a ter uma aposentadoria digna e independente, façam uma reflexão sobre os seguintes aspectos:

- **Com que idade pretendem se aposentar?**
- **Quanto vocês querem receber por mês quando se aposentar?**
- **Quanto será necessário reservar mensalmente para atingir o montante que vai gerar a renda mensal desejada dentro do tempo almejado?**

Após você e sua família responderem a essas perguntas com precisão, o passo seguinte é transformar a independência financeira em um sonho de longo prazo e guardar, com disciplina, o valor necessário. Esse é um caminho para evitar ser surpreendido com imprevistos em uma fase da vida em que a busca por soluções alternativas pode ser dificultada pelas próprias limitações da idade.

Cada um de nós tem o seu próprio número, somos apenas semelhantes, mas não iguais, ou seja, o valor que necessitamos para gozar de uma aposentadoria sustentável no futuro deve ser calculado levando sempre em conta a taxa de inflação. Esse valor deverá receber uma correção dessa taxa.

Fazer uma atualização anual desse número é fundamental, visto que o seu ganho sofrerá alterações quase sempre para mais. O segredo é acumular uma reserva financeira que renda, no mínimo, o dobro de juros/ganhos mensais, por exemplo: para um salário mensal de R$ 3.000,00, os rendimentos dessa reserva acumulada deverão ser de, no mínimo, R$ 6.000,00. Desse valor, metade será resgatada para o padrão de vida, e a outra metade acumulará na própria reserva e, com isso, você poderá viver com tranquilidade e sustentabilidade financeira pelo resto da vida.

Parece difícil, mas não é, tudo depende das escolhas da família no presente. O tempo pode ser um grande aliado, mas, se a decisão for manter os mesmos hábitos, nesse caso ele se tornará o grande inimigo. Pense nisso e mãos à obra!

EVITE O COMPORTAMENTO DE RISCO

A inadimplência deve ser evitada sempre. Determinadas dívidas oferecem um risco ainda maior para o consumidor quando há falta de pagamento, seja porque o bem é colocado como garantia no caso de inadimplência, seja pelos juros abusivos, pelo transtorno de lidar com os obstáculos da restrição de crédito, pelo desgaste emocional que envolve as negociações ou pelo medo de perder o bem depois de anos de esforço para honrar os compromissos.

Todos estão sujeitos a ser surpreendidos com algo inesperado que os impeça de honrar os compromissos financeiros de uma hora para outra. Por isso, ter uma parte dos ganhos reservada é essencial para evitar ou atenuar o impacto que uma situação dessas pode causar.

Imagine, por exemplo, que um membro da família não tenha plano de saúde e precise de uma internação ou de um tratamento longo. Vocês relutariam em atrasar a prestação do apartamento para fazer a intervenção médica necessária para salvá-lo? Provavelmente, não. Portanto, ter uma reserva para as prestações da casa pode ser uma questão de vida ou morte.

Aliás, com o hábito de guardar dinheiro, certamente é possível comprar a casa própria em até um terço do tempo que se leva para tê-la por meio de financiamento. Quem financia geralmente se preocupa em saber se o valor da prestação caberá no orçamento, mas se esquece de outros gastos envolvidos, como documentação e impostos.

Ao comprar um imóvel, o ideal é que você tenha, pelo menos, 40% do valor total desse bem reservado para custear os gastos de instalações, acabamento, mobília e decoração. Com carro é igual. O comportamento mais comum e imediato é pensar no valor da prestação do automóvel e apenas isso, desconsiderando ou subestimando todos os gastos indiretos envolvidos nessa aquisição.

Esse é o que se pode chamar de "comportamento de risco", já que cerca de 2% a 3% do valor do carro é o gasto que o proprietário terá com a manutenção anual. Sem ponderar sobre os gastos indiretos e sua sobrecarga nos gastos cotidianos, muitos consumidores passam a ter dificuldade para pagar as prestações e, sem reservas, tornam-se inadimplentes e chegam a ter que devolver o veículo para livrar-se do endividamento.

E aqueles momentos da vida em que parece haver uma nuvem escura de má sorte sobre nossa cabeça? Imagine a seguinte situação: você deixa o carro na rua e entra em um estabelecimento. Enquanto aguarda atendimento nem percebe que nuvens no céu preparam um dilúvio.

Quando menos se espera, uma tempestade se forma e em pouco tempo transforma ruas e avenidas em rios de forte correnteza que carregam carros e motocicletas como se fossem folhas caídas. Ao se aproximar de uma janela, você avista seu carro boiando e já se desespera só de pensar no prejuízo. Então, descobre, ou se lembra, que o seguro que contratou não oferece cobertura para acidentes naturais.

Até há pouco tempo, a principal preocupação de quem comprava um veículo era prevenir-se contra acidentes e roubo. Hoje em dia, com os efeitos das mudanças climáticas, eventos como esses são cada vez mais frequentes. E aí, essa pessoa, que depende do veículo para sua atividade profissional, vai se deparar com a dívida do carro levado pela enxurrada e com a necessidade de comprar um novo. O que fazer?

Quem tem uma reserva para imprevistos pode utilizá-la para quitar o financiamento do carro perdido, caso a verba seja suficiente, e se preparar para financiar um novo veículo. Se a verba não for suficiente para quitar o financiamento já existente, pode-se optar por usar a reserva para a entrada de um novo financiamento. Mas, nesse caso, a pessoa ficará com dois financiamentos e, possivelmente, terá de reajustar o seu orçamento.

Se não há reserva alguma, a pessoa vai amargar o pagamento das parcelas restantes sem usufruir o bem e sem descuidar do pagamento do financiamento já adquirido; afinal, não conta mais com o bem para usá-lo como contrapartida numa negociação em caso de inadimplência.

Há também os gastos previstos anualmente, como Imposto sobre a Propriedade de Veículos Automotores (IPVA), Imposto sobre a Propriedade Predial e Territorial Urbana (IPTU), matrícula na escola, material escolar, seguro do carro, além das festas de fim de ano, cujo pagamento pode ser garantido com as rendas extras anuais de quem é assalariado, como o 13º salário, e até mesmo a restituição do Imposto de Renda. Esses são valores providenciais para não ficar apertado com esses gastos, que incidem geralmente no início do ano.

Já quem não é assalariado e não recebe bonificações durante o ano tem o desafio de se programar financeiramente para arcar com esses gastos extras. E o jeito é recorrer à reserva mensal para não passar por dificuldades nessa época do ano.

INVOICE

LIVRE-SE DAS DÍVIDAS

SUPERE AS ADVERSIDADES

Imagine que você e sua família tenham sido surpreendidos por uma adversidade que os obrigou a desviar dos planos e agora estão sentindo dificuldade para honrar os compromissos assumidos.

Digamos que você faz parte das centenas de trabalhadores que foram dispensados do trabalho. Sem dinheiro, a empresa negligenciou suas obrigações e não pagou os seus direitos trabalhistas devidamente. Com o que recebeu, você conseguiu pagar as contas de dois meses. Passados alguns meses de escassos trabalhos temporários, foi ficando descapitalizado e com dívidas em atraso acumuladas.

Agora, com um novo emprego fixo, surge uma luz no fim do túnel para começar a liquidar as pendências financeiras. Ainda assim, será preciso um ajuste drástico de gastos e um pacto com a família para conciliar os gastos atuais e as dívidas atrasadas. Não há uma fórmula pronta para determinar quais dívidas deverão ser quitadas primeiro, mas há duas possibilidades.

A primeira é saldar as contas essenciais (água, luz, telefone, condomínio), para evitar o corte no fornecimento de serviços indispensáveis. A segunda possibilidade são as dívidas que têm bens como garantia (casa própria, veículo financiado). Em seguida, priorizem as dívidas com maior taxa de juros, como cartão de crédito, cheque especial, financeiras; e, em seguida, as de menor valor (carnê, crediários etc.)

Uma vez que vocês tenham sanado os gastos essenciais, é hora de procurar os credores com maiores taxas de juros. Procurem o gerente da sua conta, mostrando a ele a situação real, e se armem de todo o poder de negociação e persuasão para tentar eliminar juros, multas e todos os encargos que tentarem lhes empurrar. Solicitem ao gerente que junte em um mesmo pacote as dívidas de cheque especial, cartão de crédito e demais empréstimos, se houver. O objetivo imediato é estancar o processo de aumento da dívida, interrompendo a cobrança de juros sobre juros.

O passo seguinte é negociar a obtenção de uma linha de crédito diferente, mais alongada, com juros que não ultrapassem 2% ao mês. Lembrem-se de que os bancos reduziram seus juros, portanto pesquisar é o segredo. Além dos juros, é imprescindível prestar atenção à prestação, que precisa ser menor do que o valor total dos juros que vocês vinham pagando mensalmente e que, provavelmente, estava inviabilizando o pagamento dos seus outros gastos.

Mas não se esqueçam de que as negociações, os acordos e os parcelamentos das dívidas precisam caber no novo orçamento familiar. Do contrário, vocês não conseguirão honrar os compromissos assumidos. Se precisarem prolongar os prazos, caso isso não implique juros altos, faça-o tanto quanto necessário para que a parcela caiba em suas disponibilidades de ganhos.

Para saber com exatidão qual é a capacidade de pagamento, faça um diagnóstico financeiro e redesenhe o orçamento de forma que ele contemple a retenção de 10% dos ganhos da família – sim, essa reserva se faz ainda mais necessária nesse momento de retomada do equilíbrio financeiro. Contemple também a reserva mensal para os sonhos, o saldo para pagamento dos gastos atuais cotidianos e a margem mensal para saldar as dívidas atrasadas.

Se, ao elaborar o diagnóstico e o orçamento, você concluir que pode pagar um pouco a mais ao banco, ótimo. Mas caso perceba que o valor que poderá destinar para liquidar as dívidas é baixo, some a ele o valor que estaria destinado aos sonhos; afinal, se você e sua família desejam, de fato, recuperar o equilíbrio financeiro, talvez esse seja o maior sonho familiar no momento.

CONSIDERE DIFERENTES CAMINHOS

Se não houver possibilidade de acordo com a instituição financeira, é preciso mudar a rota. O primeiro passo é começar imediatamente a guardar dinheiro, para que, mais adiante, ao ser procurado pelas empresas de recuperação de crédito contratadas pelos bancos, você possa negociar e quitar as dívidas em condições melhores.

Você deve estar estranhando essa recomendação de poupar enquanto se tem dívidas. Pois esse é um dos aprendizados de quem tem dívidas em atraso: o hábito de poupar deve ser preservado, pois é dele que virá, inclusive, sua força de negociação.

Caso o seu gerente não aprove uma nova linha de crédito com juros mais baixos que permita quitar em um só pacote o endividamento bancário, outra alternativa é fazer um empréstimo consignado, cujas parcelas são descontadas diretamente na folha de pagamento.

Essa pode ser uma boa saída desde que você tenha consciência do percentual em relação ao seu rendimento líquido que poderá ser comprometido com esse novo crédito. Seja firme: o empréstimo é para quitar a dívida e, em hipótese alguma, o utilize para outros fins.

Você sabia que as dívidas podem se tornar maiores ou menores, dependendo da instituição para a qual você deve? Isso ocorre em razão do sistema de negócios adotado pela instituição financeira. E sabe o que isso significa? Que outra possibilidade de fugir dos juros altos é transferir sua dívida do banco A para o banco B e, com isso, diminuir o volume de juros a pagar, o que pode ser uma vantagem para quem está endividado.

Essa troca é conhecida por portabilidade de crédito, ou seja, quando existe a possibilidade de transportar o seu saldo devedor para outro banco que ofereça melhores condições contratuais que o seu banco atual. É uma operação simples: você escolhe a nova instituição financeira com a qual irá operar, assina os documentos necessários e o novo banco quita seu saldo devedor com o banco anterior, transferindo o valor total da dívida eletronicamente para a nova instituição.

Você também pode analisar suas habilidades e planejar a melhor forma de utilizá-las a seu favor nos campos profissional e financeiro, abrindo caminhos para, quem sabe, gerar mais renda, o que o ajudará a acumular uma quantia maior de dinheiro. Pode ser que você possua alguma aptidão natural que talvez nem tenha percebido ainda.

Deve existir algo que você saiba e goste de fazer e que possa colocar em prática como uma atividade paralela, o que possibilitaria, talvez, elevar a renda mensal familiar pelo menos durante esse momento de crise passageira.

Há pessoas que são boas com números, outras sabem cozinhar divinamente, há aquelas que falam fluentemente várias línguas, outras têm facilidade com as artes. E aí, que habilidades podem salvar você e sua família? Fique tranquilo caso não identifique nada. Foque no trabalho atual e lembre-se de que a solução nem sempre está em aumentar o ganho, mas principalmente em adequar-se financeiramente ao seu real padrão de vida.

TENHA SEMPRE UM PLANO B

Imagine que você e sua família passaram por uma situação semelhante à mencionada no exemplo citado anteriormente. Uma pessoa da família, que sempre teve uma saúde de ferro, precisará se submeter a uma cirurgia emergencial devido a uma fratura resultante de uma queda. Nesse momento, vocês descobrem que o plano de saúde, que essa pessoa usou raríssimas vezes, não cobre os procedimentos necessários, e vocês, para poupá-la de aborrecimentos, assumem os gastos com hospital e um cuidador para acompanhar na reabilitação em casa.

Os gastos com essas intervenções médicas não são baixos, mas vocês, que não têm com quem dividir o valor, o assumem sozinhos. Porém, esse imprevisto pesa no bolso, fazendo com que vocês fiquem alguns meses sem pagar a prestação da casa. Já faz algum tempo que vocês vêm pagando as prestações com atraso, acrescidas de juros e multas, o que só complica a situação, porque dessa forma a prestação se torna mais difícil de pagar, pesando ainda mais no orçamento.

Diante dessa situação, algumas pessoas buscam alternativas para se livrar da dívida, mas nem sempre têm êxito. Pode ser que você faça acordos, de tempos em tempos, com o banco ou com a construtora, parcelando as prestações em atraso, mas sem conseguir colocá-las totalmente em dia. Afinal, em vez de diminuir o valor pago mensalmente, o acordo aumenta a necessidade de mais dinheiro, inviabilizando ainda mais o pagamento, porque o rendimento líquido vai sendo reduzido mês a mês.

Se mesmo com dificuldade você continua pagando as prestações, o caso pode não ser tão grave assim e, com um bom diagnóstico e um ajuste no orçamento, conseguirá sair logo dessa crise. Caso tenha rendimentos regulares, quase sempre é possível reorganizar as finanças e ajustar a parcela do financiamento à sua realidade econômica.

Porém, a situação muda completamente de figura caso você e sua família, por alguma razão, além dos problemas que estão enfrentando, fiquem sem rendimentos ou tenham uma queda brusca nos ganhos financeiros de uma hora para outra, sem perspectivas concretas de recuperação em seis meses, por exemplo.

Nesse caso, um plano B poderá ajudar. Quando não há perspectiva de a situação se reverter a seu favor em curto prazo, a atitude mais sensata é considerar a hipótese de colocar o imóvel à venda, transferindo a dívida ou vendendo-o pelo preço total para quitar o saldo devedor, ou simplesmente entregá-lo.

A pior solução é deixar a dívida rolar para ver no que dá. Não caia na ilusão de que a dívida caduca, nem confie que vai demorar muito tempo para tirarem o imóvel de você. A melhor saída nesse caso é fazer uma avaliação do imóvel e verificar o saldo devedor.

Consulte amigos e parentes que possam se interessar em comprar o imóvel. Caso a única saída seja mesmo devolver o bem, garanta que não será necessário assumir o pagamento de nenhum resíduo, pois, do contrário, você e sua família ficarão sem casa e com dívida, o que dificultará ainda mais a busca pela estabilidade financeira.

Esse mesmo raciocínio vale para quando a aquisição do carro vira um problema. Se não houver perspectiva de reverter a situação em um curto espaço de tempo, o melhor a fazer é devolver o automóvel o quanto antes e negociar, com a ajuda de um advogado, se necessário, a extinção da dívida.

A alternativa seria repassá-lo para terceiros, de forma que o novo comprador assumisse a dívida. Mas, nesse caso, não se esqueça, em hipótese alguma, de transferir o financiamento para o nome do novo comprador.

SAIA DO CICLO DO ENDIVIDAMENTO

Microempresários, profissionais liberais, trabalhadores informais e tantos outros que não contam com uma fonte fixa de rendimentos estão sujeitos aos efeitos de muitos riscos e imprevisibilidades. Esses trabalhadores são os que mais precisam ter controle das suas finanças, aprendendo a viver em um patamar abaixo do seu padrão de vida e com reservas suficientes para contarem com uma margem mínima de segurança.

É um cenário que envolve de ambulantes a taxistas, vendedores autônomos, cabeleireiros e dentistas. Esses profissionais têm uma rotina e rendimentos imprevisíveis. Se acontece algo que lhes traga prejuízo – equipamento quebrado, calote de clientes, impossibilidade de trabalhar devido a um acidente ou doença e até roubo –, suas finanças entram em total desequilíbrio.

E o mais comum é recorrerem ao cheque especial e ao cartão de crédito, como se esses fizessem parte dos rendimentos. Com esse dinheiro, pagam gastos de supermercado, farmácia, combustível, e quando chega a fatura do cartão percebem que não será possível pagá-la em sua totalidade.

A solução mais comum que as pessoas adotam nessa situação é pagar apenas a parcela mínima, até que se recuperem do *deficit* causado pelo imprevisto. Possivelmente, no mês seguinte precisarão usar o limite do cheque especial para pagar o mínimo do cartão. E assim aos poucos caem na armadilha da ciranda financeira, pagando juros sobre juros e quitando cada vez menos dívidas, ficando inadimplentes e sem crédito no mercado.

A única solução para sair desse ciclo de endividamento é retomar o controle das finanças com todas as orientações mencionadas anteriormente: apesar da imprevisibilidade de rendimentos desse perfil de profissionais, é possível chegar a um orçamento mais realista, cruzando os dados do diagnóstico com as médias de ganhos dos últimos três meses, utilizando como parâmetro de rendimento as médias mais baixas.

Uma vez que o uso do limite do cheque especial saiu do controle, é melhor não perder tempo: o jeito é procurar logo o gerente e pedir o parcelamento do débito do cheque especial em quantas vezes forem necessárias para quitá-lo. O ideal é ignorar a existência do cheque especial ou pedir o seu cancelamento. Se a pessoa tem dificuldade de viver sem isso, precisa entender que quando usa R$ 100,00 do seu limite é como se estivesse comprando do banco R$ 100,00 pelo preço de R$ 120,00!

Em relação ao cartão de crédito, a atitude mais correta é ser radical e não o usar em hipótese alguma, até que a dívida seja extinta. O tempo que vai demorar para isso acontecer dependerá do quanto a pessoa deve e do valor que conseguirá disponibilizar mensalmente para quitar o débito. O grande erro é confundir cartão de crédito com dinheiro. A solução mais simples é passar a usar apenas o dinheiro em espécie.

Sair do ciclo do endividamento é uma questão de escolha. Da mesma forma que autônomos, empresários e profissionais liberais não têm ganhos mensais, eles podem sair muito mais rápido de seus problemas financeiros porque suas atividades também podem proporcionar mais expectativas de ganhos. Lembre-se: saber viver no verdadeiro padrão de vida é o segredo para uma plena reabilitação.

Atitudes preventivas

Estar preparado para imprevistos é fundamental para garantir um presente e um futuro tranquilos e sem sobressaltos. Tenha confiança no seu poder de superação e organização e siga em frente. A seguir, listamos alguns ensinamentos para que você e sua família possam refletir a respeito do tema e se tornarem cada vez mais preparados e seguros em relação à vida financeira.

- **Não confundam desejos imediatos com sonhos genuínos.**
- **Comprem pela real necessidade e não para impressionar outras pessoas.**
- **Lembrem-se sempre dos sonhos materiais antes de fazer qualquer compra.**
- **Não se deixem seduzir pelo *marketing* publicitário.**
- **Verifiquem a possibilidade de adquirir produtos similares e mais em conta.**
- **Perguntem o preço à vista e comparem com o valor a prazo. Negociem, sempre pedindo desconto.**
- **Pesquisem o preço na internet e em três lugares. Guardem o dinheiro antes e comprem depois.**
- **Controlem a ansiedade de comprar, mesmo quando tiverem dinheiro em mãos.**

- **Tomem cuidado com o crédito fácil.**
- **Vivam o hoje, sem esquecer o amanhã.**
- **Não se esqueçam de lançar as compras parceladas no seu orçamento mensal.**
- **Reservem uma parte dos seus ganhos para imprevistos.**
- **O futuro é consequência das escolhas do presente.**

O Autor

Reinaldo Domingos

Pioneiro na área de Educação Financeira no Brasil e criador de uma metodologia que já ajudou milhares de pessoas a retomar as rédeas de sua vida financeira, o PhD Reinaldo Domingos nasceu em uma pequena cidade do interior de São Paulo, Casa Branca, e foi lá que deu os primeiros passos de sua vida profissional. Primeiro, como auxiliar de camelô – queria conseguir dinheiro para comprar uma bicicleta –, depois, como técnico em Contabilidade.
Mas seus sonhos ultrapassavam os limites da pequena cidade. Já em São Paulo, cursou Contabilidade, dessa vez como ensino superior. Quatro anos depois, abriu sua própria empresa na área, a Confirp, e a seguir uma empresa de contabilidade digital.

Tudo ia muito bem, mas a mente inquieta e curiosa de Reinaldo Domingos, que na época já era referência na área financeira, queria mais. Decidido a compartilhar suas experiências com o público, escreveu o livro *Terapia financeira*, *best-seller* com milhões de exemplares vendidos, em que apresentou a **Metodologia DSOP**, baseada em quatro pilares: Diagnosticar, Sonhar, Orçar e Poupar. Esse livro foi o primeiro de uma longa série sobre Educação Financeira, tanto para o público adulto quanto para crianças e adolescentes.

Entre as obras publicadas, estão as coleções: Sonhos, Diversão, Educação Financeira, Menino do Dinheiro e Turma do Nico, com destaque para *Diário dos sonhos* (PNLD 2022) e *Menino do Dinheiro em cordel* (PNLD 2018). É coautor de *Juventude Plural; projeto de vida* (PNLD 2021), autor de *Meu* pet *cabe no meu bolso* e também de uma coleção com os personagens da Turma da Mônica, em parceria com Mauricio de Sousa. Em seu portfólio, constam ainda obras para o segmento internacional, como *School Camp*, *The Camp*, *Journal of Dreams* e a série Money Boy.

Uma vida dedicada à Educação Financeira: de Casa Branca, quando conquistou a primeira bicicleta com seu trabalho, para além das fronteiras do país.

www.dsop.com.br

dsop
editora